CATALOGUE

D'ESTAMPES

ANCIENNES

DES DIVERSES ÉCOLES

ESTAMPES HISTORIQUES

ÉCOLE FRANÇAISE DU XVIIIᵉ SIÈCLE

PORTRAITS, DESSINS

Dont plusieurs de FRAGONARD

LIVRES A FIGURES, etc.,

Provenant du Cabinet de M. DE C...

DONT LA VENTE AUX ENCHÈRES PUBLIQUES AURA LIEU

PAR SUITE DE SON DÉCÈS

HOTEL DES COMMISSAIRES-PRISEURS, RUE DROUOT, 5

SALLE Nº 3

Les 31 Janvier, 1ᵉʳ et 2 Février 1861

A 1 HEURE TRÈS-PRÉCISE

Par le ministère de Mᵉ **DELBERGUE-CORMONT**, Cᵒᵐᵐⁱˢˢʳᵉ-Priseur,
8, rue de Provence,

Assisté de **M. CLEMENT**, Marchand d'Estampes de la Bibliothèque
impériale, 3, rue des Saints-Pères,

Chez lesquels se distribue le présent Catalogue.

EXPOSITION PUBLIQUE

Le Mercredi 30 Janvier 1861, de une heure à quatre heures.

1861

ORDRE DES VACATIONS

PREMIÈRE VACATION. — *Jeudi 31 Janvier 1861.*

Nos 1 à 240

DEUXIÈME VACATION. — *Vendredi 1er Février.*

Nos 241 à 480

TROISIÈME VACATION. — *Samedi 2 Février.*

Nos 481 à 627

LIVRES Nos 628 à 723

Les lots pourront être divisés.

CONDITIONS DE LA VENTE

Elle sera faite au comptant.

Les Acquéreurs paieront, en sus des adjudications, CINQ POUR CENT applicables au frais.

ESTAMPES DIVERSES

1 **Anonyme**. Samson tuant le lion (B. vol. 9, p. 79, 2), plus trois pièces par Hollar.

2 **Aldegraver** (Henri). Adam et Ève (4). Thisbé (101). Amon (22), et deux autres pièces. Cinq pièces.

3 — Diverses figures allégoriques et sujets de fantaisie. 8 pièces.

4 **Andreani** (Andrea). La Vierge accompagnée de saints et de saintes, d'après Ligozzi. Belle épreuve imprimée en clair-obscur.

5 **Audran** (Gérard). La Peste, d'après le Poussin. Ananie, saint Paul et saint Barnabé à Lystre, d'après Raphaël. Trois pièces. Belles épreuves.

6 **Baroche** (Frédéric). Saint François dans la chapelle (B. 4). Belle épreuve.

7 **Beham** (Hans Sebald). Adam et Ève chassés du paradis (B. 7). Très-belle épreuve.

8 — Trajan (B. 82). Belle épreuve.

9 — Tête de Christ et trois pièces de la suite des travaux d'Hercule.

10 **Belle** (Etienne de La). La Perspective du Pont-Neuf de Paris. Ancienne épreuve.

11 **Bloemaert** (Corneille). Pièces gravées par lui d'après différents maîtres. Cinquante-neuf pièces. Belles épreuves.

12 — Saint Vincent de Paul priant devant le Christ, et autres. Quatre pièces.

13 — Portrait du cardinal Montalte, et autres. Dix pièces. Belles épreuves.

14 — Vertumne et Pomone, par Jean Saenredam (B. 27), et deux autres pièces dont une d'après Gérard de Lairesse.

15 **Boel** (D'après Pierre). Différents animaux, suite de six estampes, plus une double. Sept pièces.

16 **Boissieu** (J.-J. de). Estampes gravées par lui, dont : son portrait, les Pères du Désert, saint Jérôme et autres. Dix-neuf pièces.

17 **Bosse** (Abraham). L'Enfant prodigue, suite de six estampes (Catalogue de M. Duplessis, 34-39). Superbes épreuves du 1er état. Avec l'adresse de Leblond.

18 — La Parabole du Mauvais Riche et de Lazare. (41). Avec l'adresse de Leblond.

19 — Les Vierges sages et les Vierges folles, suite complète de sept estampes (43-49). Superbes épreuves du 1er état. Avec grande marge.

20 — La même suite. Manquent les numéros 44 et 45. Superbes épreuves. Avec marge.

21 — Donner à manger à ceux qui ont faim (50). Superbe épreuve avec l'adresse de Leblond.

22 — Loger les pèlerins (52). Superbe épreuve avec l'adresse de Leblond.

23 — Ensevelir les morts (56). Superbe épreuve avec l'adresse de Leblond.

24 — L'Automne (1055). Belle épreuve.

25 — L'Été (1055). Belle épreuve avec l'adresse de Leblond.

26 — Le Printemps (1055). Très belle épreuve avec l'adresse de Leblond.

27 — L'Odorat (1073). Superbe épreuve avec l'adresse de Tavernier.

28 — Le Goût (1074). Très-belle épreuve avec l'adresse de Tavernier...

29 — L'Enfance (1078). Superbe épreuve avec Leblond *excudit*.

30 — La Virilité (1080). Superbe épreuve avec Leblond *ex*.

31 — La Vieillesse (1081). Superbe épreuve avec Leblond *ex*.

32 — Louis XIII à genoux devant un crucifix (G. D. 1240). Belle épreuve avec marge.

33 — L'Hôtel de Bourgogne (1268). Superbe épreuve d'une pièce recherchée et rare, avec Leblond *ex*.

34 — Le Contrat (1374). Superbe épreuve avec Leblond *ex*.

35 — La Mariée reconduite chez elle (1375). Superbe épreuve avec Leblond *ex*.

36 — Le Mariage à la campagne (1380). *Cette toile large d'une aune.* Superbe épreuve avec Leblond *ex*.

37 — Le Mariage à la campagne (1381). *A ce que je puis voir.* Superbe épreuve avec l'adresse de Leblond.

38 — La Femme qui bat son mari (1384). Superbe épreuve avec Leblond *ex*.

39 — Le Maître d'école (1389). Superbe épreuve avec Leblond *ex*.

39 *bis*. — La Déroute et confusion des jansénistes. Pièce très-curieuse et rare.

40 **Bourdon** (Sébastien). Les Sept OEuvres de miséricorde. Belles épreuves.

41 Boyvin (René). La Nymphe de Fontainebleau, d'après maître Roux (R. D. 18). Belle
épreuve.

42 Callot (Jacques). Le Massacre des innocents. Catalogue de M. Meaume (6).

43 — La Parabole de l'Enfant prodigue, suite de
onze morceaux (53-63). Belles épreuves du 2e état,
avant les numéros.

44 — Le Sauveur, la sainte Vierge, les douze Apô-
tres et saint Paul, l'apôtre des nations, en pied
(104-119). Suite de seize estampes, y compris
le titre. Manquent les nos 109 et 116. Belles
épreuves.

45 — Les grandes Misères de la guerre (564-581).
Suite complète de 18 p. 2e état, avant le nom de
Callot. Superbes épreuves avec grandes marges.

46 — Les Exercices militaires, suite complète de
treize estampes (582-594). Belles épreuves du
1er état, avant les numéros.

47 — La grande Foire de Florence (1re planche)
(624).

48 — Belli di Sfessania (641-664), suite complète de
24 p. Belles épreuves.

49 — Le Brelan, ou l'Enfant prodigue trompé par
une troupe de filous (666).

50 — Les Gueux ou Mendiants, suite de vingt-cinq
pièces (685-709). Manque le no 708. Très-belles
épreuves du 1er état, avant les numéros.

51 — La petite Vue de Paris (712). Belle épreuve.

52 — Les Bossus, ou Gobbi (747-767). Suite complète de 20 pièces. Belles épreuves du 1er état.

53 — Fantaisies (868-881), suite complète de 14 pièces. Belles épreuves du 1er état.

54 — Jésus présenté à Pilate, l'Élévation en croix, la Mort de la Madeleine et le Bénédicité. Quatre pièces.

55 — Douze pièces diverses.

56 **Cauvet**. Ornements divers. Dix-neuf pièces.

57 **Castiglione** (dit le BENEDETTE). La Vierge à genoux près de la crèche (B. 7). Très-belle épreuve.

58 **Chereau** (François). Portrait de Nicolas Largillière, peintre, et François de Troy, par Poilly.

58 bis **Cochin** (Nicolas). Représentation de la foire de Guibray. Pièce rare.

59 **Crespy**. Vases Louis XVI. Douze pièces.

60 **Cuvillier**. Livre d'ornements à divers usages. Six pièces.

61 **Delaune** (Stephanus). Sujets de la Bible et autres pièces diverses. Sept pièces.

62 **Detroy et autres** (D'après). Vie de saint Vincent de Paul. Quatorze planches gravées par Cars, Scotin et autres.

63 **Ducerceau** (Androuet). Vases divers, Panneau d'ornement, Meubles, Vue de la porte du Louvre. Trente pièces.

64 **Dugoure**. Arabesques inventées et gravées par lui. Six pièces, plus un lot d'ornements par divers.

65 **Dujardin** (Karel). Son œuvre, gravé à l'eau-forte. Cinquante et une pièces. Anciennes épreuves.

66 **Durer** (Albert). La Famille du Satyre (B. 69). Belle épreuve.

67 — L'Homme de douleur aux bras étendus (B. 20),
La face du Christ (25), la Vierge donnant le sein à
l'Enfant Jésus (36), et saint Simon (49). Quatre
pièces.

68 — Deux pièces, dont une de la suite de la Passion
et l'autre de l'Ancien Testament. Gravées sur bois.
Plus cinq copies.

69 **Dyck** (Antoine Van). Le Christ au roseau. Ancienne épreuve.

70 — Le Titien et sa maîtresse. Ancienne épreuve.

71 — Portrait de François Franck.

72 — (D'après). Portraits de Spinola, Jean de Wael
et autres. Sept pièces.

73 — Portrait de Charles Ier à cheval, gravé par
Baron.

74 **Ecole italienne.** Estampes diverses d'après Raphaël, Titien, Carrache, Salvator Rosa, etc. Qua-
rante-trois pièces.

75 **Ecole de Fontainebleau.** Différents sujets,
dont le Serpent d'airain, les Nymphes au bain, la
Naissance du Christ, d'après Jules Romain et autres.
Huit pièces.

76 — **Edelinck** (Gérard). Saint Louis, embrassant
la couronne d'épines et la Madeleine, d'après Ch.
Lebrun. Deux pièces.

77 **Fauchery** (A.). La Joconde, d'après Léonard
de Vinci. Belle épreuve avant la lettre sur papier
de Chine, encadrée.

78 **Genoels** ET **Vandermeulen.** Différents paysages et animaux. Quatorze pièces.

79 **Goltzius** (Henri). L'Ange Gabriel annonçant à la sainte Vierge le mystère de l'Incarnation, de la suite dite des chefs d'œuvre (B. 15).

80 — La Visitation, de la suite des chefs-d'œuvre (B. 16). Belle épreuve.

81 — La Sainte Famille, de la suite des chefs-d'œuvre (B. 20). Belle épreuve.

82 — La Passion de Jésus-Christ, suite de douze estampes (B. 27-38).

83 — La Vierge pleurant sur le corps de Jésus-Christ, d'après A. Durer (B. 41).

84 — Hercule tuant Cacus (B. 231), gravé sur bois et imprimé en clair-obscur en trois couleurs. Superbe épreuve.

85 — Un ange soutenant le corps mort de Jésus-Christ, d'après Bartholomé Spranger (B. 271). Superbe épreuve.

86 — La Cène, Judith, par Jean Saenredam, et l'Enfant Jésus adoré par les pasteurs. Trois pièces.

87 — (D'après). Les quatre Saisons, représentées par des figures d'hommes dans des cartouches de forme ovale, gravées par Jacques Matham (B. 51-54). Superbes épreuves.

88 — Sainte Elisabeth et son mari, accompagnés de saint Jean, s'approchant de la Vierge. Gravé par Jacques Matham (B. 107). Belle épreuve.

89 — Les Divinités des sept planètes, suite de sept estampes gravées par Jean Saenredam (B. 73-79). Très-belles épreuves. Manque le no 77.

90 — Les quatre Parties du jour, suite de quatre estampes gravées par Jean Saenredam (B. 91-94). Belles épreuves.

91 — Les sept Arts libéraux, gravés par Corneille
Drebbel (B. 1 à 7). Belles épreuves.

92 — Les habillements des officiers et soldats d'un
régiment d'infanterie des Pays-Bas, suite de douze
estampes gravées par Jacques de Gheyn (B. 1-12).
Belles épreuves.

93 — Le Mariage. Hercule et David, par Jean Saenredam et deux pièces d'après Lucas de Leyde. Cinq
pièces.

94 **Goya** (François). Les Caprices. Collection de
80 planches de caricatures de mœurs espagnoles
gravées à l'eau-forte par ce maître. Très-bel exemplaire d'un ancien tirage, accompagné d'un vol.
in-12 contenant les explications manuscrites de la
main du peintre.

95 **Herman** (Van Svanevelt). Paysages gravés à
l'eau-forte. Trente-six pl. broch. en cart.

96 **Hirschvogel** (Augustin). Une chasse à l'ours
(B. 9e vol. p. 177, no 24). 1re épreuve, avec l'année
1545, qui a été changée en 1569 dans les épreuves
postérieures.

97 **Hogarth** (William). Le Mariage à la mode, suite
de six estampes gravées par Ravenet. Très-belles
épreuves avec marges.

98 **La Joue** (D'après). L'Astronomie, la Sculpture,
l'Histoire et la Botanique. Quatre pièces gravées
par Cochin.

99 **Lebrun** (D'après). Les Batailles d'Alexandre,
gravées par Audran. Six pièces. Belles épreuves.

100 **Leclerc** (Sébastien). Cérémonie de la prestation de serment de fidélité entre les mains du roi à Versailles, le 18 décembre 1695, et Allégorie sur le mariage du duc de Bourgogne, d'après lui. Belles épreuves.

101 — Allégories sur le mariage du duc de Bourgogne avec Marie-Adélaïde de Savoie, du prince de Conti avec Marie d'Este, et Mausolée du duc de Bourgogne, par Bérain. Trois pièces.

102 — Soins que prend Vénus pour cacher ses attraits. Charmante pièce. Plus, la vue d'un camp par Lebas.

103 **Lepautre**. Cérémonie du sacre de Louis XIV à Rheims. Trois pièces. Belles épreuves.

104 **Lepautre** (Jean). Vue du canal de Fontainebleau, plus deux Vues des cascades de Saint-Cloud et l'intérieur de la Rotonde dans les jardins du Ranelagh. Quatre pièces.

105 **Leprince**. Diverses pièces gravées par lui. Trente-trois pièces.

106 **Lucas de Leyde**. Les quatre Evangélistes, représentés à mi-corps (B. 100-103).

107 — Saint Luc (B. 102). Un homme et une femme assis dans une campagne (148). Deux pièces.

108 — Les deux Vieillards apercevant Suzanne dans le bain (33), la Vieille à la grappe de raisin (151), la Dame au bois, (146) et le Chirurgien (156). Quatre pièces.

109 — Portrait de l'empereur Maximilien (B. 172). Très-belle copie.

110 — Quatre copies de l'histoire de Joseph et une de la suite de la Passion, plus le portrait de l'artiste. Six pièces.

111 Livens (Jean). Portrait du docteur Ephraïm Bonus, médecin juif (B. 56). Belle épreuve.

112 Lombart (Pierre). Portrait de De Lafond (Dominique), gazetier de Hollande, et de Pascal Paoli, par Henriquez.

113 Longhi (Joseph). La Madeleine couchée dans le désert, d'après le Corrége. Très-belle épreuve.

114 Louys. Louis XIII et Anne d'Autriche, d'après Rubens. Très-belles épreuves.

115 Magioto (D'après). Jésus et la Samaritaine, Moïse sauvé des eaux, d'après Crosato, gravés par Monaco, et le Triomphe de Silène, d'après C. Vanloo.

116 Martini. Exposition au salon du Louvre, en 1787, où se trouvent plusieurs portraits de Marie-Antoinette. Très-belle épreuve avec toute sa marge.

117 — Exposition de peinture à l'Académie royale de Londres, en 1787. Très-belle épreuve avec toute sa marge.

118 — Portraits de Leurs Majestés et de la famille royale visitant l'exposition de peinture à Londres, en 1788. Très-belle épreuve avec toute sa marge.

119 Morghen (Raphaël). La Charité, d'après le Corrége. Belle épreuve avant la lettre.

120 Nanteuil (Robert) ET **Edelinck.** Moïse (R. D. 1).

121 Natoire (D'après). Peintures faites dans la chapelle des Enfants-Trouvés, à Paris. Quatorze planches gravées par Fessard.

122 **Ostade** (Adrien Van). Eaux-fortes gravées par lui. Cinquante-six pièces, plus son portrait par Gole.

123 **Overbeck** (D'après). Elie et Elisée, gravés par Buscheweyh. Deux pièces. Belles épreuves.

124 **Parmesan** (D'après). Diogène, par Hugo de Carpi. Très-belle épreuve imprimée en clair-obscur. Plus, un Sacrifice, d'après le même. Deux pièces.

125 **Passe** (Crispin de). Portrait de Marie de Médicis. Très-belle épreuve.

126 — Portrait de Charles III, duc de Lorraine. Belle épreuve.

127 **Pencz** (Georges). Tobie (B. 15), Hérodiade (29), Tomiris (70), et Régulus (77). Quatre pièces.

128 **Pesne** (Jean). L'Assomption, d'après le Poussin (R. D. 11). Belle épreuve.

129 — Le Christ mort étendu près du sépulcre, d'après le Poussin (R. D. 18). Belle épreuve.

130 — Le Testament d'Eudamidas, d'après le Poussin (R. D. 29). Très-belle épreuve.

131 — La même. Epreuve moins belle.

132 — Diverses pièces des Travaux d'Hercule, etc. Quinze pièces.

133 **Raimondi** (Marc-Antoine). La Vie de la sainte Vierge, suite de dix-sept pièces (B. 621-637). Manque le n° 622.

134 **Rembrandt**. Portraits de Rembrandt et de sa femme (B. 19).

135 — Jésus-Christ guérissant les malades, ou la pièce de cent florins (B. 74). Très-belle épreuve du 2ᵉ état de Bartsch.

136 — Les Trois Croix (B. 79).

137 — La Descente de croix (B. 81).

138 — Portrait du docteur Faustus (B. 270).

139 — Portrait de Clément de Jonghe (B. 272).

140 — Portrait de Jean Asselin (B. 277).

141 — Pièces gravées par et d'après lui. Soixante-quinze pièces.

142 **Ribera** (D'après). L'Adoration des bergers, par Ingouf. Belle épreuve avant la lettre, dite d'artiste.

143 **Rubens** (D'après). Saint Ambroise de Milan, gravée par Schmuzer. Belle épreuve avant la lettre.

144 **Sadeler** (Les). Le Massacre des innocents, d'après le Tintoret; Saint Jean dans le désert, et deux sujets allégoriques sur les mœurs et coutumes. Quatre pièces. Belles épreuves.

145 **Sadeler** (Raphaël). Le Mariage de sainte Catherine, d'après Goltzius; l'Ecce-Homo, d'après Ligotius; le Christ mort, et l'Adoration des Mages, d'après le Bassan. Quatre pièces. Belles épreuves.

146 **Silvestre** (Israël). Vue du château de Chambord, du côté de l'entrée.

147 — Vue du château de Vaux, par le côté.

148 — Vues du château de Fontainebleau. Quatre pièces.

149 — Vues de Paris et de France. Trente-cinq pièces.

150 — Vues de Rome et d'Italie. Trente-huit pièces.

151 **Silvestre et autres.** Un volume contenant 164 planches : Vues de Paris, France, etc., collées sur papier blanc.

152 **Sompel** (Van). Gaston d'Orléans et Marguerite de Lorraine, sa femme, d'après Van Dyck. Très-belles épreuves.

153 **Suyderhoef** (Jonas). Portrait de Samuel Ampzingim, pasteur d'Harlem, d'après F. Hals. Superbe épreuve.

154 **Suyderhoef et autres.** Portraits des ducs de Bourgogne. Quatre pièces. Belles épreuves.

155 **Titien** (D'après). Différents paysages, plus deux pièces d'après Poussin. Neuf pièces.

157 **Wael** (Jean de). Son œuvre, gravé à l'eau-forte. Quatorze pièces.

158 **Vernet** (Joseph). Vue d'un port de mer et paysage avec figures. Deux pièces gravées à l'eau-forte. Belles épreuves.

159 **Vlieger** (Simon de). Le Transport du blé (B. 5). Belle épreuve, plus un paysage dans le goût de Saft Leven.

160 **Vignon** (D'après). Portrait de Marie Stuart en pied. Dans le fond on voit son supplice. Belle épreuve.

161 **Volpato** (Jean). L'Ecole d'Athènes, d'après Raphaël. Belle épreuve.

162 **Wierix** (Jérôme). Sujets de l'Ancien et du Nouveau Testament. Quarante-quatre pièces.

PORTRAITS

—●—

163 **Audran**. Portrait d'Anne d'Autriche, plus deux autres. Trois portraits.

164 **Beauvarlet**. Portrait de Jean-Baptiste Poquelin de Molière. Très-rare et belle épreuve avant l'encadrement.

165 — Hippolyte de Latude Clairon dans le rôle de Médée, d'après Carle Vanloo. Belle épreuve.

166 **Bonnart**. Louis XIV, Louis XV, duc d'Orléans (régent du royaume), duc de Chartres, princesse de Conti, etc. Vingt et une pièces.

167 **Boissevin**. Portraits de Louis XIV, Pomponné, de Bellièvre et autres. Cinq portraits.

168 **Boulanger**. Portraits d'Olier, curé de Saint-Sulpice; René de Maupeou, par Lebeau; le cardinal de Bernis et autres. Huit portraits.

169 — Portraits d'Antoine Furetière, Moreri, par Duflos, et autres. Dix portraits.

170 **Chereau** (François). Portraits de Nicolas de Launay, Raphaël Mengs, par Ravenet, et autres. Trois pièces.

171 — Conjuration de Georges Cadoudal. Vingt-trois portraits, très-rares.

172 **Custodis**. Portraits de Henri IV, duc de Guise, duc d'Alençon, duc de Joyeuse, duc d'Epernon et autres. Huit pièces.

173 **Dagoty** (Edouard-Gautier). Portraits de Henri IV, Louis XIII, Louis XV, duc d'Orléans et Henri IV, de Janinet. Cinq pièces.

174 **Danckerts** (*excudit*). Portrait de Jean Bart fumant sa pipe.

175 **Daret**. Portraits de Henri III, Louis XIV, Gaston d'Orléans, duc d'Anjou, duc de Mercœur, prince de Conti, duc de Mayenne, Marie de Médicis et autres. Onze portraits.

176 — Portraits d'Hercule de Rohan, Michel Le Tellier, François de Bonne de Créquy et autres. Dix portraits.

177 **De Larmessin**. Portraits du prince de Conti, duc d'Orléans, duc d'Enghien et autres. Dix portraits.

178 — Portraits de Marie-Thérèse, duchesse d'Orléans, princesse de Conti et autres. Dix portraits.

179 — Portrait de Louis XV à cheval, et autres. Neuf portraits.

180 — Portraits du duc de Noailles, de Le Tellier et autres. Vingt-cinq portraits.

181 — Collection de portraits des rois de France. Quarante-cinq pièces.

182 **Drevet** (Pierre). Portrait du cardinal Dubois, archevêque de Cambrai. Très-belle épreuve avec une grande marge.

183 — Portrait du maréchal de Villars. Belle épreuve.

184 — Portrait de Louis, dauphin de France, père de Louis XVI, et autres. Cinq portraits.

185 — Portraits de Louis Phelippeaux, Charles Colbert, par Chereau, et La Rochefoucauld-Liancourt, par Monsaldi.

186 **Dupin**. Portrait de Louis XVII, plus deux autres.

187 **Dyck** (d'après Van). Portrait de Marie-Louise de Tassis, Mme de Parabère, d'après Rigaud; Marie de Médicis, etc. Cinq pièces.

188 **Edelinck** (Gérard). Portrait de Fléchier, évêque de Nîmes. Belle épreuve.

189 — Portraits de Pierre Bertin et de Saint-Evremond. Deux pièces, belles épreuves.

190 — Portraits de Jean Varni, N. Lefèvre et autres. Huit portraits.

191 — Portraits de d'Hozier (Charles), généalogiste du roi (R. D., 184), de Nicolas Rigault (304), et de Louis XIV, par Nantéuil (153). Trois pièces.

192 **Ficquet** (Etienne). Portraits de Pierre Corneille, La Fontaine et Regnard. Trois pièces.

193 **Gautier** (Léonard). Portraits de Henri III et Henri IV.

194 **Godefroy**. Portrait de Marie-Louise. Belle épreuve avant la lettre.

195 — Portrait de l'abbé Maury, député de Péronne. Belle épreuve.

196 **Hainzelmann**. Portraits de Charles V de Lorraine. Trois pièces.

197 **Houbraken**. Portraits des princes d'Orange et d'Autriche. Cinq pièces.

198 **Isac Jaspar**. Portrait de Michel de Castelnau. Belle épreuve.

199 **Josse Amman**. Portrait de Gaspard de Coligny, duc de Châtillon et amiral de France. Au bas une vignette représentant le massacre de la Saint-Barthélemy.

200 **Lasne** (Michel). Portraits de François Quesnel, Michel Augier, par Revel, et autres. Quatre portraits.

201 **Lébeau**. Portraits de la chevalière d'Éon, Marie-Thérèse d'Autriche et Mlle Maillard.

202 — Portraits de Louise-Marie d'Orléans, duchesse de Bourbon, Mme la comtesse d'Artois, Mme Elisabeth et autres. Treize portraits.

203 — Portraits du duc de Penthièvre, Louis-Stanislas Xavier de France et de sa femme, par Martini. Quatre portraits.

204 Portraits de Brissac, comte de Cossé, Charles Dupaty, par Gaucher; Thomas Raynal et autres. Onze portraits.

205 **Le Vachez**. Portraits de Bailly, Charles Villette, par Gaucher; Marat, Lepelletier, Mirabeau, par Audouin et autres. Quatorze pièces.

206 **Lubin**. Portraits du grand Condé, Turenne, Séguier et autres. Seize portraits.

207 **Marcenay** (Antoine de). Portraits de Henri IV, prince Eugène et de Sully, par Chenu. Quatre pièces; belles épreuves.

208 **Masquelier** et **Patas**. Allégories sur Marie-Antoinette. Trois charmantes pièces.

209 **Masson** (Antoine). Portraits de Marie de Lorraine, duchesse de Guise; Marie-Louise, reine de Pologne, et autres. Six portraits.

210 **Muller** (Henri-Charles). Portrait de Henri IV dans un médaillon, d'après Gérard et Percier. Belle épreuve.

211 Montcornet (Balthazar), *excudit.* Portraits d'Anne d'Autriche, dont un en pied et un avant la lettre. Trois portraits.

212 — Portraits de Charlotte de Montmorency, duchesse de Montpensier, Anne-Marie-Louise d'Orléans, Marguerite de Lorraine et Élisabeth de Vendôme, duchesse de Nemours. Sept portraits.

213 — Marie de Médicis, Marie de Brethaigne, duchesse de Monbason et autres. Sept portraits.

214 — Portraits de Louis XIII, Louis XIV, duc de Vendôme, duc d'Anjou, duc d'Enghien, prince de Condé, Gaston d'Orléans, duc de Guise, comte de Soissons, duc d'Elbeuf, duc de Longueville et autres. Quatorze portraits.

215 — Portraits de Mazarin, Guébriant, Hercule de Rohan, César de Choiseul, Antoine de Grammont, Turenne, César de Vendôme et Claude de Bullion. Huit portraits.

216 — Portraits de Richelieu, Mazarin, Turenne, Omer Talon, Longueil, Guénégaud, Bailleul, Phelippeaux, Molé et autres. Vingt portraits.

217 Nanteuil (Robert). Portraits de Barberin (Antoine), cardinal-archevêque de Reims (B. D. 28), et de Mazarin. Deux pièces.

218 — Portraits de Jean-Baptiste Colbert, contrôleur général des finances (B. D. 73), et de Nicolas Colbert, par Drevet.

219 — Louise-Marie, reine de Pologne et de Suède, et d'Anne d'Autriche. Trois pièces.

220 Odieuvre (*excudit*). Portraits de la duchesse de Longueville, Mme de Grignan et autres. Quatre portraits.

221 **Pitau** (Nicolas). Marie-Thérèse d'Espagne, d'après Baubrun. Belle épreuve.

222 **Pontius** (Paul). Portraits de Ladislas IV, roi de Pologne; Stanislas-Auguste, par Tardieu, et autres. Sept portraits.

223 — Portraits de Louis XIII et Louis XIV assis sur un trône, dans un riche fond d'architecture. Deux grandes pièces.

224 — Portraits de Louis XIII. Deux pièces.

225 — Portraits de Louis XIV. Vingt-sept pièces.

226 — Portraits de Louis XV et différentes statues. Vingt pièces.

227 — Portraits de Louis XVI, par Boizot, Hubert; Louis XVI à la tribune et autres. Neuf pièces.

228 — Portraits de Louis XVI. Dix-neuf pièces.

229 — Portraits de Louis XVI. Quatre pièces.

230 — Portraits de Marie-Antoinette, par Lebeau, Dupin et autres. Huit portraits.

231 — Portraits de la princesse Palatine, Marie Martinozzi, duchesse de Bourgogne, et autres. Huit pièces.

232 — Portraits de d'Aguesseau, Duquesne, d'Alembert et autres. Quatre portraits.

233 **Quenedey**. Portraits de Mozart, Cherubini, Monsigny, Méhul, Gréfry, Haydn et autres. Douze portraits, *très-rares*.

233 bis. **Roger**. Portrait de Marie-Antoinette, représentée en pied dans le costume qu'elle portait à l'ouverture des états-généraux en 1789. Gravé d'après le tableau de Roslin le Suédois. Rare épreuve avant la lettre, avec toute sa marge.

234 **Salvador** (Manuel). Portraits de Collin de Ver-
mont, de Charles Henault, par Moitte, et un autre
avant la lettre. Belles épreuves.

235 **Schmidt** (Georges-Frédéric). Portrait de la Tour
d'Auvergne, comte d'Evreux, d'après Rigaud.
Belle épreuve.

236 — Portraits d'Antoine Pesne et de Jean Silva.

237 — Portrait de Pierre Mignard, d'après Hyacinthe
Rigaud. Belle épreuve.

238 — Portraits de Mansart, Bernard Potier, par Petit et autres. Quatre pièces.

239 **Valk**. Portrait du prince Eugène de Savoie.
Belle épreuve.

240 **Vangelisty**. Portraits de Duguay-Trouin, d'A-
guesseau, le maréchal de Luxembourg, avant et
avec la lettre. Huit portraits.

241 **Van Hulle** (D'après). Portrait d'Anne de
Bourbon, duchesse de Longueville.

242 **Vanloo** (D'après). Louis XVI et Marie-Antoinette, par Sullin et Dupin. Deux portraits faisant
pendant.

243 **Van Schuppen**. Portraits de Jean Hamon et de
Lefebvre de Caumartin. Deux pièces.

244 **Voyez** (Major). Portraits de Philippe d'Orléans,
maréchal de Vauban, Abraham Fabert et autres.
Neuf portraits.

245 **Wagenschon** (D'après). Portrait de Marie-Antoinette, archiduchesse d'Autriche, par Fritsch.
Belle épreuve.

246 **Wille** (Jean-Georges). Portrait de Poisson (Abel-
François), marquis de Marigny, d'après Tocqué.
Belle épreuve.

247 — Portrait d'Elisabeth Gouy, femme d'Hyacinthe Rigaud. Belle épreuve.

248 — Portraits de Louis XV, Maurice de Saxe et Elisabeth Gouy, femme de Rigaud.

249 **Silvestre de Mérys.** Portrait de Mme la comtesse de Genlis. Joli dessin au crayon noir, qui a été gravé par Green, graveur anglais.

250 — Le bienheureux Jean de la Barrière (fondateur des Feuillants) présente à Charles IX les plans de la maison. Dessin à la plume lavé de bistre.

ÉCOLE FRANÇAISE, XVIIIᵉ SIÈCLE

251 **Aubert** (D'après). La Revendeuse à la toilette, par Duflos.

252 **Beaudoin** (D'après). La petite Jardinière, par Masquelier. Belle épreuve.

253 — Le Catéchisme, par Moitte. Superbe épreuve avec grandes marges.

254 **Borel** (D'après). L'Abandon voluptueux, l'Attention dangereuse, d'après Boucher; la Comparaison du bouton de rose, d'après G. de St-Aubin, et la Vertu irrésolue, d'après Louise Vigée. Quatre pièces gravées par Dennel.

255 — L'Attention dangereuse, d'après Boucher. Très-belle épreuve avant la lettre.

256 — J'y passerai, par Delaunay. Belle épreuve.

257 — L'Innocence en danger, par Huot. Belle épreuve.

258 **Boucher** (D'après François). Allégories représentant les portraits de Louis XV, Louis XIV, Louis XIII et Henri IV, par Saint-Aubin.

259 — Les Cris de Paris, par Ravenet. Suite de douze pièces. Très-belles épreuves.

260 — La Marchande de modes, par Gaillard.

261 — Le fleuve Scamandre, par de Larmessin. Très-belle épreuve.

262 — La Toilette pastorale, par Duflos. Belle épreuve.

263 — Vénus et l'Amour, par Aubert. Belle épreuve.

264 — La Baigneuse surprise, par Daullé. Belle épreuve.

265 — Les Quatre Saisons, par Daullé. Superbes épreuves avec toutes marges.

266 — Vertumne et Pomone, par Saint-Aubin. Très-belles épreuves.

267 — Sylvie délivrée par Aminte, par Gaillard. Belles épreuves.

268 — La Pêche et la Chasse, par Beauvarlet. Très-belles épreuves.

269 — Le Berger récompensé et l'Obéissance récompensée, par Gaillard.

270 — Les Amants surpris et le Panier mystérieux, par Gaillard.

271 — La Fécondité, l'Hymen et l'Amour, les Villageois à la pêche, etc. Huit pièces.

272 **Canot** (D'après Philippe). Le Maître de danse, par Lebas. Superbe épreuve avec toute marge.

273 — Le Gâteau des rois, par Lebas.

274 **Chardin** (Jean-Baptiste-Siméon) (D'après). Le Négligé ou Toilette du matin, par Lebas. Très-belle épreuve.

275 — La Blanchisseuse, par Cochin. Très-belle ép. avec grandes marges.

276 — La Gouvernante, par Lépicié. Belle épreuve.

277 — L'Économe, par Lebas. Belle épreuve.

278 — La Pourvoyeuse, par Lépicié. Belle épreuve.

279 — La Serinette, gravée par L. Cars. Superbe épreuve.

280 — Les Tours de cartes, par Surugue. Très-belle épreuve.

281 — Le Château de cartes, par Fillœul. Très-belle épreuve avec toute marge.

282 — Dame prenant son thé, par Fillœul. Très-belle épreuve avec toute marge.

283 — L'Étude du dessin, par Lebas. Très-belle épreuve.

284 — Le Toton, par Lépicié. Très-belle épreuve avec grandes marges.

285 — La Maîtresse d'école, par Lépicié. Très-belle épreuve avec grandes marges.

286 — La Fontaine, par Cochin. Très-belle épreuve avec grandes marges.

287 — Le Peintre, singe peignant un Amour en singe, par Surugue. Très-belle épreuve avec grandes marges. Rare.

288 — L'Antiquaire, par Surugue. Très-belle épreuve avec grandes marges.

289 — Les Bulles de savon, par Fillœul. Très-belle épreuve avec grandes marges. Rare.

290 — Les Osselets, par Fillœul. Très-belle épreuve avec une grande marge. Rare.

291 — L'Écureuse, par Cochin. Très-belle épreuve avec grandes marges. Rare.

292 — Le Garçon cabaretier, par Cochin. Très-belle épreuve avec grandes marges.

293 — L'Amusement utile, par Magimel. Très-belle
épreuve avec grandes marges.

294 — L'Inclination de l'âge, par Surugue. Très-belle
épreuve avec grandes marges.

295 — Le Principe des Arts, par Magimel. Très-belle
épreuve avec grandes marges.

296 — Le Souffleur, et autres, d'après divers. Huit
pièces.

297 **Charpentier** (D'après). L'Emplette inutile,
par de Launay. Belle épreuve.

298 **Davesne** (D'après). L'Amant regretté, par Voyez
le jeune. Belle et rare épreuve avant la lettre.

299 **Delafosse**. La malheureuse famille Calas, d'a-
près L. de Carmontelle.

300 **Desfossés** (D'après). Marie-Antoinette annonçant à Mme de Bellegarde la liberté de son mari,
par Duclos. Belle épreuve avant la lettre, imprimée sur papier bleu.

301 **Deshayes** (D'après). La Fidélité surveillante,
par Hémery. Belle épreuve avec toute marge.

302 **De Troy** (D'après). Le Jeu de pied de bœuf. Rare.

303 — L'Aimable Accord. Belle épreuve.

304 — La Liseuse, par Chereau. Belle épreuve.

305 **Dugoure** (D'après C.). Le Lever de la mariée.
Épreuve à l'eau-forte. Curieux intérieur de chambre à coucher Louis XVI.

306 **Eisen** (D'après Charles). Les quatre Heures du
jour, par Delongueil. Superbes épreuves avec
marges.

307 — La Comète, par Lebas. Très-belle épreuve

308 — Le Jour et la Nuit; deux pièces gravées par Patas. Très-belles épreuves avec toutes leurs marges.

309 **Filloeul**. Le Milieu du jour. Belle épreuve.

310 **Fragonard** (D'après). Le Chiffre d'amour, par de Launay. Très-belle épreuve.

311 — La Gimblette. Très-rare épreuve avant la draperie et avant la lettre.

312 — La même, avec la lettre. Belle épreuve.

313 — La bonne Mère, par de Launay. Très-belle épreuve avec une grande marge, plus l'eau-forte.

314 **Freudenberg** (D'après). L'Occupation, gravée par Lingée. Très-belle épreuve.

315 **Gravelot**. Louis XV couronné par la Musique. Charmante composition.

316 **Greuze**. (D'après). La Fille confuse, par Ingouf. Belle épreuve.

317 — Thaïs, ou la belle Pénitente, par Levasseur. Belle et rare épreuve avant la lettre.

318 — La Paresseuse, par Moitte. Rare et belle épr. avant la lettre.

319 — La bonne Mère, et la jeune Mère, par Beauvarlet. Rares et belles épreuves avant la lettre avec toutes marges.

320 — La Vertu chancelante, par Massard. Belle et rare épreuve avant la lettre.

321 — La même, avec la lettre.

322 — La Marchande de pommes cuites, par Beauvarlet. Belle épreuve.

323 — Les Sevreuses, par Ingouf.

324 — Retour sur soi-même, et la Méditation, d'après Schenau.

325 **Grimoud** (D'après). L'Espagnol, l'Espagnolette, et autres. Trois pièces.

326 **Heillmann** (D'après). Le bon Exemple et Mademoiselle sa sœur, par Chevillet. Deux pièces faisant pendants.

327 **Huet** (D'après). Ce qui est bon à prendre est bon à garder.

328 — Intérieur de famille du temps de Louis XVI. Pièce curieuse pour les costumes.

329 **Jeaurat** (D'après). L'Amour coquet, par Jeaurat le jeune. Très-belle épreuve avec toute marge.

330 — La Savante, et la Coquette, par Aubert. Belles épreuves.

331 — La Relevée, et l'Accouchée. Deux pièces gravées par Lépicié.

332 — La Coiffeuse, par Sornique, et la Vieillesse, par Lépicié.

333 **Lambert** (D'après). L'Union récompensée par l'Abondance, la Paix réunit les sciences et les arts. Deux pièces gravées en couleur, par Mallet.

334 **Lancret** (D'après Nicolas). Conversation galante, par Liebas. Superbe épreuve avec toutes marges.

335 — L'Adolescence, par de Larmessin. Belle épr. avec une grande marge.

336 — Le Berger indécis, par Tardieu. Belle épreuve.

337 — Les deux Amis, par de Larmessin. Belle épr. avec toute marge.

338 — Nicaise, par de Larmessin. Belle épreuve.

339 — Le petit Chien qui secoue des pierreries, par de Larmessin. Belle épreuve.

340 — A femme avare galant escroc, par de Larmessin.

341 — On ne s'avise jamais de tout, par de Larmessin.

342 — Les quatre Heures du jour, par de Larmessin. Très-belles épreuves avec grandes marges.

343 — Les quatre Saisons, par Audran, Scotin, Tardieu et Lebas. Superbes épreuves d'une même égalité de ton.

344 — Près de vous, belle Iris, ce fantasque minois, etc., par Hortemels. Belle épreuve.

345 — M. Thomassin et Mlle Sylvia, de la Comédie-Italienne. Très-jolie petite pièce, gravée par Cars, avec quatre vers : Ces aimables acteurs, etc. Très-rare.

346 — Mlle Camargo, par Laurent Cars. Très-belle épreuve.

347 — Grandval, par Lebas. Très-belle épreuve.

348 — Repas italien, par Lebas. Très-belle épreuve.

349 — Le Colin-Maillard. Épreuve à l'eau-forte.

350 — **Lavreince** (D'après). Les Offres séduisantes, par Delignou. Belle épreuve avec toutes marges.

351 — La Marchande à la toilette, par Vidal. Très-belle épreuve.

352 — La Soirée aux Tuileries. Superbe et très-rare épreuve avant la lettre.

353 — Les Apprêts du ballet, par Tresca. Belle épreuve d'une des plus jolies compositions du maître.

354 — Le Coucher des ouvrières en modes, par Dequevauviller. Belle épreuve.

355 — La même. Épreuve à l'eau-forte.

356 — L'École de danse, par Dequevauviller. Belle épreuve avec marge.

357 — La même. Épreuve à l'eau-forte.

358 **Le Bel** (D'après). La Souris, gravée par Pillement. Sujet gracieux, très-rare, belle épreuve avant la lettre.

359 **Lepeintre** (D'après). La Tricherie reconnue. Très-jolie petite pièce gravée par de Monchy.

360 **Le Prince** (D'après). L'Amour des fleurs, par Chevillet. Belle épreuve.

361 — La Diseuse de bonne aventure russienne, par Gaillard. Belle épreuve.

362 — **Mariette** (Par et d'après). La Séance de physique, par Ravenet. La Promenade et la Collation, d'après Watteau.

363 **Miller** (J.-S.). Le Jour et la Nuit. Deux pièces. Très-belles épreuves avec toutes leurs marges.

363 *bis.* **Moreau** le jeune (D'après J.-M.). Costumes pour servir à l'Histoire des mœurs et des coutumes des Français dans le dix-huitième siècle.

364 — La Matinée. Belle épreuve.

365 — La Surprise. Belle épreuve.

366 — Oui ou non, par Thomas. Belle épreuve.

367 — La Déclaration de la grossesse, par Martini. Belle épreuve.

368 — N'ayez pas peur, ma bonne amie, par Helman. Belle épreuve.

369 — J'en accepte l'heureux présage, par Trière. Belle épreuve.

370 — Les Précautions, par Martini. Belle épreuve.

371 — Le Rendez-vous pour Marly, par Guttemberg. Belle épreuve.

372 — L'Accord parfait, par Helman. Belle épreuve.

373 — La petite Loge, par Patas. Belle épreuve.

374 — La Sortie de l'Opéra, par Malbeste. Belle épreuve.

375 — La Partie de whist, par Dambrun. Belle épreuve.

376 — Le Lever, par Halbou. Belle épreuve.

377 — Réduction des mêmes, in-8. Huit charmantes petites pièces, très-rares. Superbes épreuves.

378 — Le Festin royal, et le Bal masqué. Très-belles épreuves.

379 — Cérémonie du sacre de Louis XVI. Pièce curieuse pour les costumes.

380 — Portrait de Marie-Antoinette dans un médaillon entouré d'attributs, par Le Mire. Charmante pièce.

381 — Le Couronnement de Voltaire, par Gaucher. Belle épreuve.

382 — Les Dernières Paroles de Jean-Jacques Rousseau, par Guttemberg. Belle épreuve.

383 **Nattier** (D'après). La Force : Mme la duchesse de Chateauroux, par Balechou. Belle épreuve.

384 — La Terre : Mme la duchesse de Parme, par Balechou.

385 — Le Feu : Mme Marie-Henriette de France, par
Tardieu.

386 **Pater** (D'après). Le Désir de plaire, par Surugue.
Belle épreuve.

387 — Le Plaisir de l'Été, par Surugue. Belle épreuve.

388 — Le Baiser donné, le Baiser rendu. Très-belles
épreuves avec toutes leurs marges.

389 — Mme Bouvillon, pour tenter le Destin, le prie
de lui chercher une puce, par Surugue. Belle
épreuve.

390 — Pyramide d'ailes et de cuisses de poulets, par
Lépicié, et le Glouton, par Fillœul.

391 — Les Aveux indiscrets, et l'Enlèvement de po-
lice, d'après Jeaurat.

392 **Prud'hon**. La Famille malheureuse. Épreuve
avant la retouche.

393 **Queverdo** (D'après). La Nouvelle du bien-aimé.
Belle épreuve avec toute marge.

394 — Les Délices du Printemps. Très-jolie petite
pièce par Frussotte.

395 **Saint-Aubin** (Augustin de). La Promenade des
remparts de Paris, par Courtois. Belle épreuve.

396 — Comptez sur mes serments. Belle épreuve
avant la lettre.

397 **Schenau** (D'après). Les Enfants jardiniers, par
Henriquez. Belle épreuve.

398 — Les Soins maternels, par Chevillet. Très-belle
et rare épreuve avant la lettre.

399 — Le Miroir cassé, par Chevillet.

400 **Voyez** le jeune. Les Cerises, d'après Beaudouin.
Épreuve à l'eau-forte.

401 **Watteau** (Antoine) (D'après). La Sainte Famille, par Jeanne Renard Du Bos. Belle épreuve.

402 M. de Julienne jouant du violoncelle près de Watteau ; ils sont dans un jardin avec statue, par Tardieu. Très-belle épreuve.

403 — Louis XIV mettant le cordon bleu à Monseigneur de Bourgogne, par de Larmessin. Superbe épreuve avec grandes marges.

494 — La même. Belle épreuve.

405 — Antoine de La Roque, par Lépicié. Belle épreuve.

406 — La Troupe italienne, gravée à l'eau-forte par lui et retouchée au burin par Simonneau. Très-belle épreuve du 1er état terminé avec l'adresse de Sirois.

407 — Mézelin jouant de la guitare, par Thomassin. Belle épreuve.

408 — Comédiens français, par Liotard. Belle épreuve avec marge.

409 — L'Amour au Théâtre-Italien, par Cochin. Belle épreuve avec marge.

410 — Départ des comédiens italiens, en 1697, par Jacob. Belle épreuve avec marge.

411 — La Sérénade italienne, par Scotin. Superbe épreuve.

412 — Arlequin jaloux, par Chédel. Superbe épreuve.

413 — Pierrot content, par Jeaurat. Superbe épreuve avec toutes marges.

414 — Belle, n'écoutez rien, Arlequin est un traître, etc. — Pour garder l'honneur d'une belle, etc. Deux pièces gravées par Cochin.

415 — Jeune Fille au milieu d'un paysage, dansant au son de la flûte d'un petit berger assis à droite, avec deux autres figures. En bas, quatre vers : Iris, c'est de bonne heure, etc. 1er état avec l'adresse de Sirois.

416 — La même, avec l'adresse de Chereau.

417 — Pour nous prouver que cette belle, etc. Huit vers au bas d'une composition de cinq personnes à mi-corps, gravée par Surugue.

418 — L'Accord parfait, par Baron. Belle épreuve.

419 — Entretiens amoureux, par Liotard. Belle épreuve.

420 — L'Indiscret, par Aubert. Très-belle épreuve avec marge.

421 — L'Indifférent, par Scotin. Belle épreuve.

422 — Les Fêtes vénitiennes, par Laurent Cars. Belle épreuve.

423 — Qu'ai-je fait, assassins maudits ! etc., par Joullain. Belle épreuve.

424 — Le Sommeil dangereux, par Liotard. Belle épreuve.

425 — Le Bain rustique, par Ant. Cardon. Belle épreuve.

426 — L'Enlèvement d'Europe, par Aveline. Belle épreuve.

427 — Pomoné, par Boucher. Belle épreuve avec toute marge.

428 — Escorte d'équipages, par Cars. Très-belle et rare épreuve avant la lettre.

429 — Escorte d'équipages, par Cars. Belle épreuve.

430 — Retour de guinguette, par Chedel. Belle épreuve avec toute marge.

431 — Fêtes au dieu Pan, par Aubert. Belle épreuve.

432 — La Musette, par Moyreau.

433 — Rendez-vous de chasse, par Aubert. Belle épreuve.

434 — L'Ile de Cythère, par Pierre Mariette. Belle épreuve.

435 — Le Colin-Maillard, par Brion. Belle épreuve.

436 — Les Plaisirs du Bal, par Scotin. Belle épreuve.

437 — La Mariée de village, par Cochin. Belle épreuve.

439 — L'Enseigne, par Aveline. Belle épreuve d'une pièce importante.

440 — La Balanceuse et la Partie de chasse. Deux pièces gravées par Lebas et Scotin.

441 — Livre de différents caractères inventés par lui et gravés par Fillœul.

442 **Wille** fils (D'après). Le petit Wauxhall. Très-belle épreuve avant la lettre.

443 — La Remontrance. Belle épreuve avant la lettre.

444 — Les Conseils maternels, par Lempereur.

445 — Dédicace d'un poëme épique, et l'Essai du corset. Deux pièces gravées par Dennel.

446 **Wille** (Jean-Georges). Les Soins maternels, d'après Wille fils. Très-belle épreuve avant la dédicace.

447 **Vignettes.** Quarante-neuf vignettes des Contes de La Fontaine, pour l'édition des fermiers généraux, plus son portrait.

448 — **Gravelot** (D'après). Trente-huit vignettes pour le Décaméron de Jean Boccace.

449 **Eisen** (D'après). Vignettes du Temple de Gnide gravées par N. Le Mire. Six pièces, plus une d'après Moreau.

450 — Cinq vignettes d'après Borel, gravées par Eluin.

451 **Tony Johannot**. Vignettes pour le Werther de Gœthe. Sept pièces.

452 **Vignettes** pour divers ouvrages. Un lot considérable. Sera divisé.

ESTAMPES IMPRIMÉES EN COULEUR

453 **Alix** (P. M.). Portrait de Charlotte Corday, et le même personnage, par Bonneville.

454 **Benazech**. Le Couronnement de la rosière, le Prix de l'Agriculture. Deux pièces faisant pendants.

455 **Bosio** (D'après). Le Bal de l'Opéra. En couleur. Belle épreuve.

456 — La Bouillotte. En noir. Pièce curieuse pour les costumes.

457 — Ah ! beaucoup vous critiquent, mais peu vous imitent ! En noir.

458 — La Folie du jour, par Tresca. En noir. Belle épreuve avec toute marge.

459 **Debucourt**. Les Bouquets ou la Fête de la grand'maman, le Compliment ou la Matinée du jour de l'an. Deux jolies pièces très-curieuses pour les costumes.

460 — Le Menuet de la mariée. En couleur. Superbe et très-rare épreuve avant la lettre, avec toute sa marge.

461 — Annette et Lubin, et le Baiser. Deux charmantes pièces en couleur. Très-rares épreuves avant la lettre avec toutes leurs marges.

462 — Les Joueurs de boules, d'après Carle Vernet. Belle épreuve.

463 — Monsieur et Madame. En couleur. Belle épreuve.

464 — La Bénédiction du grand-papa. Epreuve avant la lettre. Pièce curieuse pour les costumes.

465 — Oh! c'est bien ça! d'après Carle Vernet. Rare épreuve avant la lettre avec toute sa marge.

466 — L'Orange, ou le moderne Jugement de Pâris. En noir. Superbe épreuve, grande marge.

467 — Les Visites. Publiée le premier jour du XIXᵉ siècle. Belle épreuve.

468 — La Coquette et ses filles. En noir.

469 — Les Galants surannés ou les petits Papas à la mode.

470 — Un Gourmand. En noir.

471 — Combat de Mameloucks, d'après Carle Vernet. Belle épreuve avant la lettre.

472 **Huet** (D'après J.-B.). Les Présents du jour de l'an, les Compliments du jour de l'an. Deux pièces gravées en couleur par Bonnet. Très-belles épreuves avec toutes leurs marges.

473 — Le Déjeuner et le Goûter. Deux pièces. Très-belles épreuves avec toutes leurs marges.

474 — La Déclaration, gravée en couleur par Legrand. Belle épreuve.

475 — L'Eventail cassé.

476 — L'Amour offrant des présents à Ariane. Offrande présenté par l'Amour à la Fidélité. Deux pièces faisant pendants.

477 — Les Petits Gourmands, par Bonnet. Belle épreuve.

478 — Les Bergères et la Laitière, par Demarteau.

479 **Lavreince** (D'après). La Comparaison, gravée en couleur par Janinet. Belle épreuve.

480 **Mallet** (D'après). La Jeune Mère, par Bonnet. Belle épreuve avant la lettre.

481 **Schall** (D'après). La Saison des amours, plus diverses pièces d'après Fragonard, Horace Vernet et autres, et quatorze portraits de la Galerie théâtrale. Vingt pièces..

482 **Taunay** (D'après). La Rixe et le Tambourin, par Descourtis. Deux pièces gravées en couleur.

483 **Vernet** (D'après Horace). Costumes des Merveilleuses et des Incroyables. Suite de trente-trois pièces en couleur : du n° 1 à 33. Rares.

484 **Vernet** (D'après Carle). L'Anglomane, par Darcis. Belle épreuve.

485 — Pièces gravées à la manière du crayon rouge, d'après Boucher et autres. Sera divisé.

École Anglaise.

486 **Cosway** (D'après Maria). Son portrait peint par elle-même.

487 **Cosway** (D'après Richard). Portrait de Georges, prince de Galles.

488 — Portrait de miss Tickell, par John Condé. Imprimé en couleur.

489 — Miss E. Bouverie, par Condé.

490 — Miss Jackson, par Condé.

491 — Miss Damer, par Schiavonetti.

492 — Miss Siomburne, par Bartolozzi.

493 **Cotes** (D'après). Portrait de lady Fortescue.

494 **Dyck** (d'après Van) Portraits des enfants de Charles Ier, par Purcell. Belle épreuve.

495 — Portrait de Hélène Forman, seconde femme de Rubens, gravé par F. Chambars.

496 **Hals** (D'après François). Portrait de femme tenant une médaille antique.

497 **Janvry** (D'après). Mademoiselle Hiligsberg dans le ballet du *Jaloux puni*, par Condé. Belle épreuve avant la lettre.

498 **Kneller** (D'après). Portrait de Marie, reine d'Angleterre.

499 **Lawrence** (D'après sir Thomas). Portrait de master Lambton. Belle épreuve.

500 **Lauron** (D'après). La Confession. Deux pièces.

501 **Lely** (D'après sir Peter). Les Six Beautés d'Angleterre, par Watson. Très-belles épreuves. Rares.

502 **Owen** (D'après). Portrait de William Pitt.

503 **Rumsay** (D'après). Portrait de lady Georges Lenox.

504 **Reynolds** (D'après sir Josuah). La Petite fille au chat. Gravé par Collyer.

505 — Portrait de lady Beauchamp, par Nutter. Belle épreuve avant la lettre.

506 — Portrait de lady Charlotte Johnston.

507 — Portrait de lady Smith, par Bartolozzi.

508 — Portrait de la comtesse of Harrington, par Bartolozzi.

509 — Portrait de lady Daughten, femme de Simon Harcourt.

510 Portrait de Garrick, célèbre tragédien. Entre la tragédie et la comédie.

511 — Le Liseur et portraits, d'après divers. Six
pièces.

512 **Rubens** (D'après). Portraits de Rubens, sa
femme et son enfant, par J.-M. Ardell. Très-belle
épreuve.

513 Scènes de mœurs anglaises du siècle dernier. Dix
pièces.

514 **Schalken** (D'après). Portrait de lady Kynnesman,
femme de Guillaume Clarke.

515 **Zoffany** (D'après). Les portraits de Garrick et
mistress Gibbet, gravés par Marc Ardell.

516 — Portraits de King et de mistress Biddeley, par
R. Earlom.

PIÈCES HISTORIQUES

517 Audience donnée par le roi Louis XIV aux am-
bassadeurs du roi de Siam, le 1er septembre 1686.

518 Audience donnée par Louis XIV à l'ambassadeur
de Perse; Convois funèbres de Louis XIV et de
Marie-Adélaïde de Savoie, Louis XV venant tenir
son lit de justice. Quinze pièces.

519 **Barbier** (D'après). Arrestation de Robespierre.

520 **Bouttats**. Henri IV rendant l'édit de Nantes et
scènes de son assassinat. Quatre pièces.

521 Caricatures sur le clergé. Huit pièces.

522 Cérémonie du mariage de monseigneur le duc de
Bourgogne avec la princesse de Savoie, Almanach
du temps, Costumes coloriés. Très-curieux.

523 Cérémonies du sacre de Napoléon Ier et de Marie-
Louise. Six planches, avec texte grand in-fol.

524 **Delin-Eyssen**. Entrée publique de l'ambassadeur de l'empereur et de l'impératrice de Hongrie, faite à Paris le 17 septembre 1752. Très-grande pièce en travers.

525 **Desrais** (D'après). Globe aérostatique en couleur, plus la machine de Montgolfier tombant dans le village de Gonesse.

526 **Duplessis - Bertaux**. Scènes de la Révolution française. Dix-sept pièces, dont dix avant la lettre.

527 Expériences aérostatiques de M. Montgolfier faites en 1783 à Versailles, en présence de Leurs Majestés, de la famille royale et de plus de 130,000 spectateurs.

528 Inauguration de la statue de Louis XIV sur la place des Victoires, le 26 mars 1717.

529 **Isabey** (D'après J.). Cérémonie avant le sacre, représentant l'empereur et l'impératrice à genoux devant le pape Pie VII ; gravé par Delrieu. Epreuve avant toutes lettres.

530 — Arrivée du cortége impérial dans l'église Notre-Dame. Epreuve d'artiste et une seconde épreuve d'eau-forte. Deux pièces.

531 — Le départ des voitures pour le couronnement : l'empereur est représenté en pied devant le péristyle du palais des Tuileries. Epreuve d'artiste.

532 — Serment de l'empereur Napoléon Ier sur les saints Evangiles, à la cérémonie du couronnement. Epreuve d'artiste.

533 — Couronnement de l'impératrice Joséphine à Notre-Dame. Pièce curieuse pour les costumes. Epreuve d'artiste.

534 — La voiture du couronnement de l'empereur Napoléon Ier, gravure à l'eau-forte par Duplessis-Bertaux.

535 — La même estampe, épreuve terminée, représentant le moment où l'empereur arrive à Notre-Dame, gravé par Dupreel. Epreuve avant toutes lettres, dite d'artiste.

536 — Grand habit de cérémonie de S. M. l'empereur Napoléon Ier le jour du couronnement, gravé par Pauquet. Epreuve coloriée.

537 — Grand habit de S. M. l'empereur Napoléon Ier, roi d'Italie, le jour de son couronnement à Milan, gravé à l'eau-forte par Pauquet.

538 — Grand habit de S. M. l'impératrice Joséphine le jour du couronnement, gravé à l'eau-forte par Pauquet.

539 — Portrait en pied de l'empereur Napoléon Ier en petit costume, à l'eau-forte.

540 — Portrait de l'impératrice Marie-Louise, gravé par Mecou.

541 — Portrait du duc de Wellington, gravé par Mecou, d'après la miniature appartenant maintenant à M. le marquis de Herteford. Epreuve imprimée en couleur et retouchée.

542 — Portrait du même personnage en noir.

543 — Portrait du prince Eugène, peint à Vienne en 1814, lithographié par Legros et terminé par Isabey.

544 — Portrait de A. Dubois, célèbre chirurgien, lithographié par lui, d'après F. Gérard. Rare.

545 — Portrait de Grétry assis à son bureau, jolie gravure avant toute lettre, papier de Chine. N'a pas été mis dans le commerce.

546 — Portrait d'Evariste Parny , lithographié par
Isabey.

547 — Portrait de Louis XVIII en buste, gravé par
Debucourt.

548 — Portrait de Marie-Louise, buste du roi de Rome,
d'après Prud'hon, et portrait de Napoléon, d'après
Appiani.

549 — Portrait de Mme Dugazon, par Monsaldi, re-
touché par Isabey.

550 **Kock** (*fecit*). Serment fait par quinze cents ré-
publicains, le 21 germinal an IV, dans la redoute
de Monténesimo. Grande pièce en travers.

551 Louis XVI sur l'échafaud. On lit au bas : Fils de
saint Louis, montez au ciel, et autres. Cinq pièces.

552 **Melling** (D'après). Passage de Louis XVIII sur le
Pont-Neuf, lors de son entrée à Paris, le 3 mai
1814. Grande pièce en travers.

553 Miracles accomplis sur le tombeau de François
Páris, diacre, et autres sujets. Dix-sept planches.
Suite très-curieuse.

554 **Mondret** (d'après). Scènes de la Révolution
française, gravées par Helmann. Treize pièces.

555 **Moreau** le jeune (D'après). Vue de la plaine des
Sablons (deux épreuves dont une avant la lettre),
et Revue de la maison du roi au Trou d'Enfer.
Trois pièces.

556 **Pièces historiques françaises,** gravées en
Hollande : Mort du duc de Guise ; Supplice du
maréchal d'Ancre ; Naissance de Louis XIII ; Assassinat de Henri III ; Exécution de Biron ; Assassinat de Henri IV et autres. Dix-sept pièces.

557 **Picart** (Bernard). Monument consacré à la postérité en mémoire de la folie incroyable de la vingtième année du XVIIe siècle, 1er état avec l'homme assis à gauche, la jambe posée sur une chaise. Pièce curieuse.

558 **Picart.** La même. 2e état.

559 **Pièces historiques** sur le système de Law. Vingt-trois pièces très-curieuses.

560 **Pièces historiques** sur les agioteurs de la rue Quincampoix. Quatre pièces.

561 **Scènes diverses** de la Révolution française. Vingt-trois pièces.

562 **Schiavonetti.** Le Dauphin enlevé à sa mère, et autres. Quatre pièces.

563 **Scotin.** Monument consacré à la postérité en mémoire de la folie incroyable de la vingtième année du XVIIe siècle. Pièce curieuse.

564 **Silvestre** (Israël) et **Chauveau.** Carrousel, courses de têtes et de bagues faites en 1662 par Louis XIV et les principaux personnages de sa cour. Trente planches. Très-rares épreuves avant la lettre.

565 **Thévenin** (*fecit*). La Prise de la Bastille. Rare.

566 **Vandermeulen** (D'après). Marche du roi, accompagné de ses gardes, passant sur le Pont-Neuf et allant au palais, gravées par Huchtenburgh. Très-grande pièce en travers.

567 — Différents sujets de batailles gravées par R. Bonnart et autres, plus deux paysages. Douze pièces.

568 **Watteau** (D'après Louis). La quatorzième expérience aérostatique de M. Blanchard, faite à Lille le 26 août 1785, par Helmann.

569 Un lot de costumes du temps de l'Empire et de la Restauration, et autres. Sera divisé.

LITHOGRAPHIES

570 **Athalin** (le baron L.). Ruines de l'abbaye de Saint-Georges de Bocherville et autres pièces pour les *Voyages romantiques* publiés par M. Taylor. Onze pièces.

571 **Bonington** (R.-P.). La Prière; la Conversation; les Plaisirs paternels, et le Retour. Quatre pièces.

572 — Rue du Gros-Horloge, à Rouen, et autres pièces pour les Voyages publiés par M. le baron Taylor. Sept pièces rares.

573 — Architecture du moyen âge: Vues prises dans différents pays. Douze pièces.

574 **Charlet.** Costumes militaires français de l'armée impériale, dessinés à la plume sur pierre, quelques-uns coloriés. Vingt-deux pièces.

575 — Paye et tais-toi; Dissimulons: Comment faire? et Ils s'en vont. Quatre pièces rares.

576 — La vieille Armée française; Costumes militaires. Six pièces.

577 — Le Premier et le Second coup de feu. Deux pièces. Très-belles épreuves.

578 — Les Maraudeurs; Déroute de Cosaques, et Appel du contingent communal. Chez Lastérie. Trois pièces rares.

579 — Délassement des consignés; la Blessure, épreuve avant la lettre, et Courage, résignation. Chez Delpech. Trois pièces rares.

580 — Infanterie légère montant à l'assaut; l'Intrépide Lefèvre. Deux grandes pièces.

581 — Au commandement de: Halte! Elle a le cœur français, l'ancienne; le Laboureur nourrit le soldat. Trois grandes pièces.

582 — Infanterie légère française: Carabinier et Voltigeur, et Doucement, la mère Michel! Trois grandes pièces en hauteur.

583 — Costumes militaires; le Décrotteur; l'Hospitalité; la Faction; Sujet de bataille, et la Bienvenue. Chez Lastérie. Six pièces rares.

584 — Les jeunes Amateurs; les Quilles; la Dinette, etc., imprimés chez Villain. Dix pièces.

585 — Les Mendiants. Pièce rare.

586 — Honneur au courage malheureux! et l'Aumône, épreuve avant la lettre. Deux pièces. Très-belles épreuves.

587 — Impiété 1810; Piété 1820; Vous croisez la baïonnette sur les vieux amis? Aux vieux grognards, etc. Trois pièces.

588 — Réjouissances publiques. Deux pièces.

589 — L'Instruction militaire; la Cuisine au camp, etc. Quatre pièces.

590 — Le Menuet; le Déserteur; Prise d'un drapeau; la Bienfaisance, et le Quartier général. Cinq pièces.

591 — J'attends de l'activité; les Marchands de dessins lithographiques; les Pénibles adieux, etc. Quatre pièces.

592 — La Garde meurt, et Enfoncés, les Prussiens !
Deux grandes pièces avant la lettre.

593 — Le Français après la victoire, et le vieux Soldat, avant la lettre. Deux grandes pièces.

594 — Le Siége de Saint-Jean-d'Acre, composition traitée d'une manière différente. Deux pièces.

595 — Divers croquis : lithographies non terminées, tirées avant toutes lettres. Douze pièces.

596 **Colin.** Portraits d'artistes des différents théâtres. Vingt-cinq pièces.

597 **Delacroix** (Eugène). Lion de l'Atlas, et Tigre royal. Deux grandes lithographies.

598 **Decamps.** Caricatures politiques. Quatre pièces rares.

599 **Decamps** (D'après). La Cuisine, gravé par Tavernier.

600 **Géricault.** Le Maréchal-ferrant français. Pièce imprimée à Londres. Très-rare.

601 — Le Factionnaire suisse au Louvre. Grande pièce en hauteur. Rare.

602 — Le plus entêté n'est pas celui qu'on pense ; Cheval de course, etc., dessinés à la plume sur pierre. Cinq pièces rares.

603 — Chevaux de ferme ; sujets de Mazeppa ; Maréchal-ferrant, etc. Onze pièces anciennes et belles épreuves.

604 **Gros** et **Guérin.** Arabe au désert ; Qui trop embrasse mal étreint, etc. Six lithographies par ces deux maîtres. Rares.

605 **Hersent.** Les Contes de La Fontaine, et autres sujets. Douze pièces.

606 **Ingres** (M.). L'Odalisque. Lithographiée par lui en 1825.

607 **Raffet**. Sujets de la vie de Napoléon 1er. Quatorze planches.

608 **Robert** (Léopold). L'Improvisateur ; la jeune Mère, etc. Épreuves avant la lettre. Cinq pièces dessinées par lui ; plus son portrait, par Aurèle Robert, son frère.

609 **Vernet** (Horace). Les portraits de Perlet, Carle Vernet, Maurocordato, le général Foy ; portraits de femme, etc. Douze pièces, dont plusieurs rares.

610 — Mort du prince Poniatowski en traversant l'Elster, le 19 octobre 1813, et son Tombeau. Deux pièces.

611 — Le Jeu de la drogue ; Mort de Tancrède ; les Adieux ; la Mine, etc. Quarante-six pièces, dont plusieurs avant la lettre.

612 — Sujets de chasse ; Ça rapproche, etc. Cinq pièces avant la lettre.

613 — Titres de musique, dont deux avec la musique. Onze pièces rares.

614 — Postillons anglais; le Courrier; les Matelots, etc. Huit pièces avant la lettre.

615 — Le général Maurice Gérard à Kowno ; les Osages ; Scène d'Auvergne en 1815, etc. Sept pièces.

616 — La Vie d'un soldat. Quatre sujets, plus une double avant la lettre. Cinq pièces très-belles.

617 — Illustrations de la Henriade de Voltaire. Quatorze pièces tirées sur papier de Chine.

618 — Portrait de Méhémet-Ali et Massacre des Mamelucks dans le château du Caire. Deux pièces.

619 — Prise d'une redoute; Bivouac français; Enfance de Napoléon, et la Pièce en batterie; etc.
Cinq grandes pièces.

620 — Tiens ferme! Qui dort dîne; Petits, petits...;
Chien de métier! etc. Sept pièces avant la lettre,
rares.

621 — Retour de Syrie; Enfance de Napoléon, et le
Pont d'Arcole. Trois pièces.

622 — Le Coup de l'étrier; Malle-poste anglaise et
française, et Blessés russes attaqués par des Cosaques. Quatre grandes pièces.

623 **Divers.** Un lot considérable de lithographies
anciennes.

624 Sous ce numéro sera vendue une quantité de pièces
de tous genres.

DESSINS

625 **Collection** de cent trois dessins des différentes
écoles française, italienne, allemande et hollan-
daise, parmi lesquels des dessins de Fragonard,
Watteau, etc.

626 **Dessins** de divers maîtres, dont un de Girodet.

627 **Dessins chinois** sur papier de riz, représentant les Arts et Métiers.

LIVRES

628 Académie des sciences et des arts, contenant les
vies et les éloges historiques des hommes illustres,
par Isaac Bullart, chevalier de l'ordre de Saint-Mi-
chel. *Bruxelles*, 1625; 2 vol. pet. in-fol. veau.

629 Acajou et Zirphile. Conte imprimé en 1744, avec
10 fig. d'après Boucher, et 2 culs-de-lampe de
Cochin.

930 Album des élèves de l'Ecole spéciale militaire, ou
Souvenir de Saint-Cyr, dessiné par Richoux. *Paris*,
1829; pet. in-fol. 14 pl. avec texte.

631 Album vénitien, composé de 12 vues en couleur;
lithographies par Wyld et Lessore. *Venise*, 1837;
in-fol. obl.

632 Antiquités de la France, par M. Clérisseau, archi-
tecte. *Paris*, 1778; gr. in-fol.

633 Architecture de Léon-Baptiste Alberti, traduite en
langue florentine, par Cosme Bartoli. *Florence*,
1550. In-4° vél. fig. sur bois. Très-bel exemplaire.

634 Architecture de Daviler. *Paris, Jean-Mariette*, 1720.
2 vol. in-4, v.

635 Architecture moderne, ou l'Art de bien bâtir, contenant cinq traités. *Paris, chez Cl. Jombert*, 1728;
2 vol. in-4, v.

636 Architecture civile. Maisons de ville et de campagne de toutes formes et de tout genre, par
L.-A. Dubut. *Paris*, 1837; 1 vol. in-fol. br.

637 Architecture domestique, par A. Du Châteauneuf.
Londres, Ackermann, 1839; in-4, cart. Recueil de
constructions relatives aux maisons-de campagne.

638 Atlas historique, géographique, etc., de A. Lesage.
In-fol.

639 Batailles des Romains, par Ant. Tempesta. In-fol.
obl., 35 pl.

640 Bible sacrée. Ancien et Nouveau Testament.
Basle, 1591; 1 vol. in-8, contenant une quantité
considérable de fig. sur bois.

641 Carte générale de la monarchie française, ornée
d'un frontispice où se trouvent les figures des rois
de France. *Paris*, 1733; in-fol. obl., fig.

642 Chefs-d'œuvre de l'antiquité sur les beaux-arts,
par Poncelin de la Roche-Tilhac. *Paris*, 1794;
2 vol. in-fol. v.

643 Colonnes et fontaines de Rome, et topographie de
différentes vues d'Italie. In-fol. obl.

644 Collection d'antiques, vases, triptyques, sarcopha-
ges, candélabres, etc., tirée de différentes collections
et musées, gravée par Henri Moses. *Londres*, 1811;
in-4, 170 pl., dont plusieurs en couleurs.

645 Constitutions, décrets et bulles des souverains
pontifes et divers mandements d'évêques, complétés
par des notes manuscrites en latin. Vol. imp. vers
1500.

646 Contes et Nouvelles en vers, par M. de La Fontaine,
fig. par Romain de Hooghe. *Amsterdam*, 1721;
2 tomes en 1 vol. in-12, v.

647 Coutumes des gouvernements de Péronne, Montdi-
dier et Roye. Ordonnance du roi Charles IX à présent régnant, ornée d'une planche sur bois représentant le roi Charles IX au milieu de l'assemblée
des Etats, en la ville d'Orléans, au mois de janvier
1560. 1 vol. pet. in-4. Rare.

648 Des fortifications et artifices, architecture et perspective de Jacques Perret, gentilhomme savoisien.
Pl. gravées par Th. de Leu. In-fol. cart. Rare.

649 Des principes de l'architecture, de la sculpture et
de la peinture, par M. Félibien. *Paris*, chez la
veuve *J. Coignard*, 1697; in-4, v.

650 Devises pour les tapisseries du roy, où sont représentés les quatre Éléments et les quatre Saisons de
l'année, etc. *Paris, C. Blayeart*, 1668; in-fol. cart.
32 pl.

651 Description de la cathédrale de Milan, par Ernest
Sergent. Gr. in-fol. cart. Planches au trait.

652 Description de la ville de Paris, par G. Brice. *Paris,* 1723; 3 vol. in-8, v.

654 Description des expériences de la machine aérostatique de MM. Montgolfier, par Faujas de Saint-Fond. *Paris,* 1784; in-8, cart., avec planches représentant des ascensions.

654 Dictionnaire de l'Académie française, nouvelle édition. *Paris, Pierre Beaume,* 1778; 2 vol. in-4, veau.

655 Eloge de Sébastien Leclerc, par l'abbé de Vallemont. *Paris,* 1715; 1 vol. in-12, v., orné de son portrait par Jeaurat.

656 Enéide. Dessins et bas-reliefs au trait, d'après les compositions originales de Ademollo. In-fol. obl., 30 pl.

657 Entrée à Paris du roi et de la reine de France, le 26 août 1660. Pièce curieuse.

658 Essai sur la composition des jardins, avec pl. *Paris, Audot,* 1823; in-4 obl., v., 107 pl.

659 Figures des cérémonies religieuses, par B. Picart. Très-bel exempl. tiré sans le texte, in-fol., v. Bibliothèque Viollet-le-Duc.

660 Figures d'emblèmes entourés d'ornements du xvie siècle. *Venise,* 1602; in-4, br., 48 pl. Recueil rare.

661 Figures des histoires de la sainte Bible. *Paris, Guillaume Le Bé,* 1634; in-fol., v. Grand nombre de fig. sur bois.

662 **Flaxmann** (D'après). Composition pour l'Odyssée, gravées par Piroli. 1 vol. obl., cart.

663 Galerie Farnèse et du palais du Caprarole, peinte par Zuccari et gravée à l'eau-forte par Gaspar de Prenner. *Roma*, 1748; gr. in-fol., v., tr. dor.

664 **Ghiberti** (Lorenzo). Porte principale du baptistère de Florence, gravée sous la direction de M. Blanchard. 12 pl. gr. in-8.

665 Héro et Léandre, poëme en trois chants, traduit du grec, édition ornée d'un frontispice et de 8 pl. en couleurs, dessinées et gravées par Debucourt. *Paris, Didot*, 1801; 1 vol. in-4, cart.

666 Histoire de Ferdinand III, empereur d'Autriche, par Gualdo Priorato. *Vienne*, 1672; pet. in-fol., v.

667 Histoire de l'administration du cardinal d'Amboise, par Michel Baudier. *Paris, Rocolet*, 1634; in-8, v., portrait.

668 Histoire de l'art de l'antiquité, par Winckelmann. *Leipzig*, chez l'auteur; 3 vol. in-4, br.

669 Histoire de la milice française, par le R. P. G. Daniel, de la compagnie de Jésus. *Paris*, chez la veuve *Saugrain*, 1728; 2 vol. in-4, v. Exempl. du cabinet particulier de l'empereur Napoléon Ier.

670 Histoire de la mort déplorable de Henri IV. *Paris*, chez la veuve *Guillemot* et *S. Tiboust*, 1611; in-fol., vél.

671 Iconographie des empereurs romains, avec les
figures imprimées en camaïeu. *Anvers, Baltha-
sar Moreti*, 1445; vél.

672 La Chronique de Nuremberg, publiée à *Nuremberg* en 1493; reliure en peau de truie du xv^e
siècle, in-fol. Grand nombre de gravures sur bois.

672 *bis*. Le Temple des Muses, orné de soixante tableaux où sont représentées les antiquités fabu-
leuses, dessinés et gravés par B. Picart. *Amsterdam*, 1733; riche reliure en maroquin, dentelles.
Très-bel exemplaire.

672 *ter*. La Divina Comedia di Dante Alighieri, con
tavole in Rame. *Florence*, 1817; 4 vol. gr. in-fol.,
d.-rel. mar. rouge, avec un grand nombre de figures au trait.

673 La Doctrine des mœurs, représentée en cent tableaux. *Paris, Louis Sevestre*, 1646; in-fol., v., fig.

674 La joyeuse et magnifique Entrée de monseigneur
François, fils de France et frère unique du roi, à
Anvers. *Anvers, Christophe Plantin*, 1582; in-fol.,
vél., fig.

675 La Pomme d'or, fête théâtrale, représentée à
Vienne pour l'auguste mariage de S. M. l'empereur Léopold et de Marguerite, ordonnée par
François Harra. *Vienne*, 1668; gr. in-4, d.-rel.,
vol. rempli de planches.

676 L'Architecture de Decker. *Augsbourg*, 1713; in-
fol. obl., cart.

677 L'Architecture de Vignole, avec les commentaires
de Daviler. *Augsbourg, J. G. Hertet*, 1759; in-4,
v. Volume curieux de lambris style Louis XV.

678 L'Art de monter à Cheval, par Ant. de Pluvinel,
fig. par Merian. *Francfort*, 1670; in-4, cart.

679 La tragédie de Faust, par Gœthe, ornée de 27 planches gravées au trait, d'après Retsch. *Londres*,
1824; 1 vol. in-4, orné du portrait de l'auteur.

680 La même, édition française, lithographiée par Th.
Muret.

681 La Vie des Peintres flamands, allemands et hollandais, par Decamps. *Paris, Jombert*, 1754; 4 vol.
in-8, v. marb. Bel exemplaire.

682 La Vie de Raphaël, gravée au trait d'après Ric-
penhausen. *Rome*, 1833; obl., 12 pl.

683 Lazaribayfii annotationes in L. ii de captuis, et pos-
timinio reversis in quibus tractatur de renavali Pa-
risiis, ex officina de *Rob. Stephani*, 1536. C. P. S.

684 Les Amours pastorales de Daphnis et Chloé, avec
les figures, par B. Audran. *Paris, Debarle*, 1796;
in-4, veau.

685 Les angles de la loge Ghisi, gravés d'après Raphaël, par Sandrar; 1 vol. in-fol., br., 5 pl.

686 Le Canaméliste français, ou Nouvelle Instruction
pour ceux qui désirent apprendre l'office. *Nancy*,
1731; in-4, v., fig. Recueil curieux.

687 Le huitième livre d'Amadis de Gaule, mis en françois par le seigneur des Essarts. *Paris, Estienne
Groulleau,* 1548 ; in-fol., v.

688 Le Jardinier hollandais, par Van der Groen. Bou-
tique à remède enseignant de quelle manière il faut
preparer les médecines pour soigner les maladies
des animaux, deux cents modèles de parterres à la
française, labyrinthes, etc., gravés en bois. *Amsterdam,* 1669 ; 3 part. en 1 vol., pet. in-4, v. Rare.

689 Le Monde dans une noix, gravé par R. Weigel.
Nuremberg, 1772 ; in-4, d.-rel. Volume curieux.

690 Le Nouveau Testament de Notre-Seigneur, fig. sur
bois ; in-fol., v.

691 Les Patriciens d'Augsbourg. *Francfort,* 1580 ; vol.
in 4, cart., contenant 160 fig. de chevaliers, gravées par Josse Amann.

692 Les proportions du corps humain, par Gérard Audran, graveur. *Paris,* 1801 ; in-fol.

693 Les Œuvres de Corneille Tacite, par Achille de
Harlay. *Paris,* chez la veuve *Jean Camusat,* 1644 ;
in-fol., v.

694 Les tableaux qui se trouvent à La Haye, dans la
chambre du conseil de justice, peints par Gérard
de Lairesse. *Amsterdam, Nicolas Verkolie,* 1737 ;
in-fol., v., figures.

695 L'Instruction du roi en l'exercice de monter à
cheval, par messire Antoine de Pluvinel, imprimé
à Paris aux dépens de Crispin de Pas. A. P. D. R.,
1629 ; fig. de C. de Passe, in-fol., v. Bel exempl.

696 Livre de chevalerie, renfermant des mords, chanfrins, brides, etc. ; gravé dans le goût de Josse Amon, publié en 1581 ; 1 vol. pér. in-fol.

697 Médailles des divers empereurs, rois, princes, etc., de l'Europe, publié en 1620 ; in-fol., v., orné d'un frontispice où se trouvent les portraits de Henri II et de Charlemagne.

698 Médailles sur les principaux événements du règne de Louis XIV. *Paris, imprimerie royale,* 1702 ; in-fol., v. fauve.

699 Mémoires pour servir à l'histoire de France, avec les portraits des rois et reines, princes et personnes illustres dont il y est fait mention. *Cologne,* 1709 ; 2 vol. in-8, v.

700 Modèles de candelabres, lumières et flambeaux du xviie siècle. In-4, 7 pl.

701 Monument consacré à la postérité, en mémoire de la folie incroyable de la xxe année du xviiie siècle ; caricatures, portraits et scènes de la rue Quincampoix, pour le système de Law. 1 vol. in-fol., d.-rel., renfermant une grande quantité de planches.

702 OEuvres de Nicolas Cochin, statues, meubles, etc. *Amsterdam,* 1786, 4 part. en 2 vol. in-4, d.-rel., contenant environ 250 pl.

703 Ornements divers, inventés et dessinés par Albertolli. *Milan, G. Vallardi,* 2 vol. grand in-fol., cartonné.

704 Parallèle de diverses méthodes du dessin de la perspective, d'après les auteurs anciens et modernes, par Charles Normant, 102 pl. *Paris,* 1837; 2 vol. in-4, dont un de texte.

705 Portraits à cheval de souverains allemands. 30 pl. en 1 vol. in-8, cart.

706 Portraits des rois de France, par De Larmessin. *Paris, De Larmessin,* 1688; pet. in fol., v., tr. dor.

707 Recueil de cent sujets de divers genres, dessinés et gravés par Duplessis-Bertaux. *Paris,* in-4 obl. cart.

708 Recueil d'estampes gravées d'après les tableaux du cabinet de M. le duc de Choiseul, par les soins du sieur Basan. 1771; 50 pl.

709 Recueil des fondations et établissements faits par le roy de Pologne. *Lunéville, Claude Fr. Messuy;* 1 vol. in-fol., v., contenant des planches des grilles de la place de Nancy.

710 Recueil de machines à différents usages, contenant des fig. de voitures, navires, etc. In-fol., v.

711 Recueil de paysages, gravés à l'eau-forte par Weirotter et J. C. Dietzch, de Nuremberg, 42 pl. 1 vol. in-4 obl., cart.

712 Recueil de vases de l'époque Louis XIV, dessiné par Schynvoet. In-fol., 24 pl.

7-13 Renversement de la morale chrétienne par les désordres du monarchisme, enrichi de figures. Publié en Hollande dans le xvII^e siècle. Recueil curieux de portraits, caricatures de personnages du règne de Louis XIV. Rare.

714 Topographie de la France. Recueil considérable de vues sur Paris et la France, par Merian. *Francfort*, 1656 ; 7 part. en 2 vol. in-fol., v.

715 Traité d'ostéologie, par M. Luc, professeur aux Ecoles royales de chirurgie. *Paris, Guillaume Cavelier*, 1759 ; 2 vol. gr. in-fol., v.

716 Vues pittoresques de l'Ecosse, dessinées d'après nature, par Pernot. *Paris, Ch. Gosselin et Lami-Denozan*, 1826 ; 1 vol. in-4, avec grand nombre de lithographies, dont plusieurs de Bonington.

717 Vignole des architectes, par Ch. Normand; Traité des cinq ordres d'architecture, par Thierry ; Traité de perspective, par Mme Lebreton, etc.; 2 vol. sur la Géométrie, par Gasp. Monge et Lagrange. 5 vol. cart.

718 Villa rustique, par Charles Parker, *Londres*, chez l'auteur, 1841 ; in-4, cart.

719 Vitruve : Livre d'architecture, avec les commentaires de Daniel Barbari. *Venise*, 1567 ; in-4, cart., nombreuses fig gravées sur bois.

720 Voyage en Espagne, par le docteur Maestro. Vol. curieux en langue espagnole, contenant une grande quantité de fig. gravées en bois, représentant des vues de villes. *Séville*, 1543 ; in-4, vél.

721, **Woeiriot** (Pierre). Estampes décorant le livre
intitulé : les Rois et Ducs d'Autriche, de N. Clément. *Cologne*, 1591 ; in-4, cart. Bel exemplaire.

722 La Colonne de la grande armée d'Austerlitz, avec
texte. In-4.

723 Sous ce numéro sera vendu un lot de livres non
catalogués.

Rénou et Maulde, imprimeurs de la Compagnie des Commissaires-Priseurs,
rue de Rivoli, 144.

Mr Henri
hotel de Marseille
rue de la Michodière 7

9 782019 307462